AF602687

MINISTÈRE DE LA GUERRE.

INSTRUCTION

SUR

LES ENGAGEMENS VOLONTAIRES,

DONNÉE

EN EXÉCUTION DES ARTICLES 2, 3, 4 ET 6 DE LA LOI

DU 10 MARS 1818,

SUR LE RECRUTEMENT DE L'ARMÉE.

TABLE DES TITRES.

AVEC DIX TABLEAUX ET MODÈLES.

INSTRUCTION

SUR

LES ENGAGEMENS VOLONTAIRES.

§. I.er

Des Corps pour lesquels les Engagemens volontaires peuvent avoir lieu.

ART. 1.er

LES engagemens volontaires seront reçus, pour tous les corps français de l'armée de terre, suivant l'indication qui en est donnée au tableau joint à la présente instruction, sous le n.° 1.er

ART. 2.

Il ne sera reçu aucun engagement volontaire pour les régimens étrangers au service de France, ni pour les compagnies de gendarmerie, compagnies sédentaires et autres, dont le recrutement est soumis à des règles particulières, et dont l'indication est donnée au tableau joint à la présente instruction, sous le n.° 2.

§. II.

Des Conditions à exiger des hommes qui se présentent pour contracter un engagement.

ART. 3.

Les chefs de corps ne pourront, sous aucun prétexte, recevoir aux drapeaux, comme engagé volontaire, un homme qui n'aura pas souscrit un engagement devant les officiers de l'état civil.

ART. 4.

Les enfans de troupe et les autres jeunes gens qui sont employés actuellement dans les corps comme tambours, trompettes, ou autrement, ne pourront pas contracter d'engagemens volontaires devant l'officier de l'état civil, avant l'âge de dix-huit ans. Ils devront, comme les autres engagés, être pourvus des pièces légales et du certificat d'aptitude, qui seront relatés ci-après.

ART. 5.

Les engagés volontaires devront, indépendamment des conditions exigées par l'article 2 de la loi du 10 mars 1818, réunir les qualités suivantes :

1.° Être sains et robustes ;

2.° Ne pas être âgés de plus de trente ans révolus ;

3.° Avoir, au moins, selon l'arme à laquelle ils se destinent, la taille fixée dans le tableau joint à la présente instruction, sous le *n.° 3*.

Les Français qui ont déjà servi, pourront être admis à s'engager jusqu'à trente-cinq ans révolus ; mais, passé l'âge de trente ans, leur engagement n'aura lieu que pour un corps de l'arme dont ils auront fait partie.

ART. 6.

Nul ne sera admis à s'engager, 1.° pour les compagnies d'ouvriers d'artillerie et du génie, et les équipages militaires, s'il n'est ouvrier en fer ou en bois ; 2.° pour les escadrons du train du génie, et l'escadron du train des équipages militaires, s'il n'est sellier ou maréchal-ferrant, ou habitué à soigner les chevaux et à conduire les voitures ; 3.° pour le bataillon des pontonniers, s'il n'est charpentier de bateaux ou habitué à conduire les bateaux ; 4.° pour les régimens du génie, s'il n'est ouvrier en fer ou en bois, ouvrier des mines et carrières, tailleur de pierres ou ouvrier en maçonnerie.

ART. 7.

Tout homme qui voudra s'engager, devra d'abord faire constater qu'il a les qualités requises pour l'arme à laquelle il se destine ;

à cet effet, il se présentera devant le chef ou un des officiers supérieurs du corps dans lequel il desire prendre du service. Toutefois, si aucun de ces officiers ne se trouve dans l'arrondissement, il sera procédé à l'examen par l'officier de gendarmerie le plus élevé en grade, présent sur les lieux, ou, en cas d'empêchement de celui-ci, par un officier de gendarmerie du grade immédiatement inférieur.

A défaut de tout officier, l'aptitude de l'homme pourra être reconnue par le maréchal-des-logis le plus ancien de grade dans l'arrondissement.

Art. 8.

L'officier devant lequel l'homme se présentera, ne procédera à son examen qu'autant qu'il aura la certitude que le corps pour lequel cet homme se destine, est du nombre de ceux indiqués par le ministre comme n'étant pas encore portés à leur complet; et, à cet effet, il consultera les indications qui lui auront été transmises par les généraux commandant les divisions et subdivisions, les intendans ou sous-intendans militaires, selon qu'il sera statué.

Art. 9.

Si l'effectif du corps permet l'engagement, l'officier vérifiera si l'homme qui se présente a la taille et les autres qualités requises pour le service militaire et pour l'arme à laquelle il se destine.

Il fera constater, par un docteur en médecine ou en chirurgie, et, à leur défaut, par un officier de santé, employés pour les actes de l'état civil ou de la police judiciaire, ou attachés à un hospice militaire ou civil, si le sujet n'a aucune infirmité et s'il est d'une constitution robuste; cette formalité remplie, il lui délivrera, s'il le reconnaît bon pour le service, un certificat conforme au modèle n.° 4.

Muni de cette pièce, qui constate son acceptation par l'autorité militaire, l'homme se présentera devant l'officier de l'état civil, qui seul, d'après la loi, est appelé à dresser l'acte d'engagement.

ART. 10.

Indépendamment de son certificat d'acceptation par l'autorité militaire, l'engagé volontaire devra justifier à l'officier de l'état civil, de son âge, par des pièces authentiques, et produire un certificat du maire de sa commune, visé par le juge de paix du canton, et constatant :

1.° Qu'il jouit de ses droits civils ;

2.° Qu'il est de bonnes vie et mœurs ;

3.° Qu'il n'a été appelé ni pour le service de terre ni pour celui de mer, *(ou bien)* qu'il est libéré de l'un et de l'autre service.

Quant aux jeunes gens désignés pour faire partie des contingens, qui demanderaient à devancer le moment de leur mise en activité, Sa Majesté se réserve de leur accorder cette faculté ; et il sera fait mention de ce qui les concerne, dans l'instruction sur les appels.

ART. 11.

Les officiers de l'état civil exigeront, en outre :

1.° Des individus qui ne sont pas Français de naissance, une copie authentique de leurs lettres de naturalisation ;

2.° Des hommes qui ont déjà servi, le congé absolu qui a dû leur être délivré, ou si ces hommes ont fait partie des corps licenciés en 1815, et ne sont pas porteurs de congés absolus, un certificat du maire de leur commune, visé par le sous-préfet, portant qu'ils n'ont pas repris du service depuis le mois d'août de la même année, soit comme ayant été rappelés, soit à tout autre titre ;

3.° Des inscrits maritimes, *un acte de déclassement,* signé par le commissaire de l'inscription maritime de *leur quartier,* ou un certificat du même, portant que le ministre de la marine les autorise à prendre du service dans les troupes de terre ;

4.° Des hommes qui se présentent comme ouvriers pour entrer dans un des corps désignés dans l'article 6 de la présente instruction, un certificat de deux maîtres-ouvriers constatant qu'ils ont fait leur apprentissage.

§. III.

De la Forme de l'Engagement.

ART. 12.

Avant la signature de l'acte, l'officier de l'état civil donnera lecture à l'engagé, 1.° des articles 2, 3 et 4 de la loi du 10 mars 1818, relatifs aux engagemens volontaires ;

2.° Du titre IV de la même loi, sur le service territorial que les militaires doivent faire, après avoir achevé le service d'activité ;

3.° Des articles 18 et 19 de la présente instruction, concernant les engagés volontaires trouvés hors de la route qui leur est tracée, et ceux qui ne se rendent pas à leur destination dans les délais prescrits ;

4.° Enfin, de l'acte de l'engagement contracté.

Les certificats et autres pièces produites par l'engagé volontaire seront annexés à la minute de cet acte, lequel sera conforme au modèle n.° 5.

§. IV.

De la Mise en route de l'Engagé, et des Dispositions à suivre jusqu'à son arrivée au corps.

ART. 13.

L'officier de l'état civil dirigera directement l'enrôlé volontaire sur le corps pour lequel l'engagement aura été reçu, et, à cet effet, lui délivrera, avec une expédition de l'acte d'engagement, une feuille de route provisoire, portant injonction de se présenter devant le premier sous-intendant militaire dont la résidence se trouvera sur la ligne qu'il aura à parcourir pour se rendre à sa destination.

Il adressera en même temps, et directement, au sous-intendant militaire en résidence dans le département où l'engagement aura eu lieu, une seconde expédition de l'acte.

Le sous-intendant militaire transmettra cette expédition, après l'avoir enregistrée conformément au modèle n.° 6, au conseil d'administration du corps pour lequel l'engagement aura été reçu.

ART. 14.

Le sous-intendant militaire devant lequel l'engagé sera tenu de se rendre, se fera représenter l'expédition de l'acte d'engagement et la feuille de route provisoire qui auront été données à l'engagé par l'officier de l'état civil. Il lui délivrera une feuille de route et les mandats d'indemnité de route nécessaires pour qu'il se rende à sa destination, en lui tenant compte de cette indemnité à partir du lieu où l'engagement aura été reçu.

La feuille de route provisoire restera déposée dans les bureaux du sous-intendant militaire, et l'acte d'engagement sera rendu à l'engagé volontaire. Il pourra servir à son incorporation dans le cas où l'expédition adressée par le sous-intendant militaire du lieu de l'engagement aurait éprouvé des retards et ne serait point arrivée; mais le nouveau soldat ne pourra en être dessaisi, sans qu'il lui en soit donné une ampliation signée des membres du conseil d'administration, et visée par le sous-intendant militaire ayant la police administrative du corps.

ART. 15.

Si, par l'effet de la direction la plus courte donnée à l'engagé, il se présente pour obtenir sa feuille de route devant un sous-intendant autre que celui du département où l'engagement aura été reçu, le premier de ces fonctionnaires transmettra au second et au chef du corps sur lequel l'homme est dirigé, un bulletin conforme au modèle n.° 7, qui servira à faire connaître le jour de son départ et l'époque présumée de son arrivée à sa destination.

ART. 16.

Si un engagé volontaire tombe malade en route, il sera admis dans un hôpital, et le sous-intendant militaire ayant la police de cet hôpital, ou le fonctionnaire ayant le droit de le suppléer, retirera à cet engagé sa feuille de route et ses mandats d'indemnité ou de fournitures ; il les conservera en dépôt, soit pour les lui remettre à sa sortie, s'il y a lieu, soit, en cas de décès, pour les adresser à qui de droit.

Le sous-intendant militaire ou le fonctionnaire qui le suppléera fera connaître l'entrée à l'hôpital de l'engagé volontaire au sous-intendant militaire du département où l'engagement aura été contracté, et au corps sur lequel l'engagé a été dirigé.

Lorsque l'engagé volontaire sortira de l'hôpital pour rejoindre ses drapeaux, ou s'il s'évade de l'hôpital, le sous-intendant militaire en donnera avis également à l'un et à l'autre.

Il sera fait mention, sur la feuille de route de l'engagé volontaire sortant d'un hôpital, de la date de son entrée et de celle de sa sortie.

Art. 17.

Si un engagé volontaire meurt en route, l'acte d'engagement, la feuille de route et les mandats dont il aura été trouvé porteur, ainsi que son acte de décès, seront envoyés, par l'officier de l'état civil, au préfet du département où le décès a eu lieu, pour être, par cet administrateur, transmis; savoir :

L'acte d'engagement, à l'officier de l'état civil qui l'aura dressé;

La feuille de route et les mandats, au sous-intendant militaire qui les aura délivrés.

Le préfet donnera, en outre, avis du décès, tant au sous-intendant militaire du département où l'engagement a été contracté, qu'au conseil d'administration du corps sur lequel l'engagé était dirigé.

Art. 18.

Lorsqu'un engagé volontaire sera trouvé par la gendarmerie hors de la route qui lui aura été tracée, il devra être conduit devant le commandant de la gendarmerie de l'arrondissement, qui, suivant l'examen des motifs, le fera remettre sur le chemin qu'il devait suivre, ou conduire de brigade en brigade à son corps.

ART. 19.

Si, quinze jours après celui où un engagé volontaire aura dû arriver au corps, il ne s'y est pas rendu, et si le chef du corps n'a pas été informé de son entrée à l'hôpital ou de son décès en route, cet engagé sera considéré comme prévenu de désertion, et poursuivi comme tel.

Le chef du corps adressera aussitôt au commandant de la gendarmerie du lieu de la garnison, et au ministre de la guerre *(bureau de la justice militaire)*, le signalement exact de l'engagé qui n'aura pas rejoint : il donnera avis de la non-arrivée au corps de l'engagé, au sous-intendant militaire du département où l'engagement aura été reçu, afin que la recherche de la personne de l'engagé puisse avoir lieu, sans délai, dans l'étendue de ce département.

§. V.

De l'Arrivée au corps et de l'Examen définitif de l'aptitude de l'Engagé.

ART. 20.

A l'arrivée d'un engagé volontaire au corps, le chef de ce corps le fera porter sur le registre-matricule, et en rendra compte à l'officier général commandant.

Si l'engagé volontaire, à son arrivée au corps, a été trouvé impropre au service, il n'en devra pas moins être reçu provisoirement par le chef du corps, qui pourra ne lui faire délivrer que les effets d'habillement et d'équipement absolument nécessaires, et il sera présenté pour la réforme à la prochaine revue d'inspection.

ART. 21.

Tout engagé volontaire que l'inspecteur général jugera définitivement impropre au service, sera renvoyé dans ses foyers; à cet effet, il lui sera délivré, savoir :

1.° Une copie de la décision de l'inspecteur général, qui sera écrite au dos de l'expédition de l'acte d'engagement dont il se trouvera porteur, signée des membres du conseil d'administration, et visée par le sous-intendant militaire;

2.° Une feuille de route portant indemnité de quinze centimes par lieue.

Le conseil d'administration fera passer une copie de la même décision au sous-intendant militaire du département dans lequel se trouve la commune où l'engagement aura été contracté, et, sur la transmission qui en aura été faite par ce dernier au préfet du département, l'officier de l'état civil fera mention de l'annullation de l'engagement sur les registres, en marge de la minute de l'acte (1).

§. VI.

Des Dispositions d'ordre.

Art. 22.

Le sous-intendant militaire en résidence dans le département où l'engagement aura été contracté, transmettra, à la fin de chaque mois, aux préfets *du domicile de droit* des engagés volontaires, les avis qui lui auront été donnés en exécution des articles 15, 16, 17, 19 et 21 de la présente instruction, concernant la destination assignée à ces engagés, ou leur décès, ou leur incorporation, ou leur désertion en route, ou l'annullation de leur engagement.

La transmission de ces avis aura lieu par l'envoi de bulletins conformes au modèle n.° 8, pour tous les hommes qui ne se seront pas engagés dans la commune de leur domicile de droit.

---

(1) Cette disposition, qui tend à ne pas laisser exister des actes de l'état civil annullés par le fait, tire une grande importance de la nécessité d'obtenir des listes exactes pour la formation des contingens, et MM. les sous-intendans militaires chargés de la police administrative des corps devront s'assurer que l'exécution n'en est point négligée.

ART. 23.

Le dernier jour de chaque mois, les chefs de corps dresseront et enverront au ministre l'état des engagemens qui auront été contractés pour les corps qu'ils commandent, dans le cours du mois précédent. Cet état sera conforme au modèle ci-joint n.° 9. Il sera négatif, s'il n'a pas été contracté d'engagemens dans le cours du mois.

ART. 24.

Les intendans militaires des divisions se feront adresser par les sous-intendans un état conforme au modèle ci-joint n.° 10, des engagemens reçus pendant le mois dans leurs départemens respectifs.

L'état sera négatif pour les départemens dans lesquels il n'aurait pas été reçu d'engagement pendant le mois.

Lorsque les intendans militaires auront reçu les états de tous les départemens de leur division, ils formeront, d'après le même modèle, un état général des engagemens, et l'adresseront au ministre, pour servir à dresser l'état sommaire des engagemens volontaires de l'année, prescrit par l'article 6 de la loi du 10 mars.

Cet envoi aura lieu, au plus tard, le 20 du mois qui suivra celui pour lequel l'état général aura été fait.

Paris, le 20 Mai 1818.

Le Ministre Secrétaire d'état au département de la guerre,

Signé GOUVION-SAINT-CYR.

Approuvé :

Signé LOUIS.

Par le Roi :

Le Ministre Secrétaire d'état au département de la guerre,

Signé GOUVION-SAINT-CYR.

Pour ampliation :

L'Intendant militaire, Secrétaire général du Ministère de la guerre,

CASSAING.

TABLEAUX ET MODÈLES.

MODÈLE n.° 1.
Art. 1.er de l'Instruction.

TABLEAU des Corps français pour lesquels il peut être contracté des Engagemens volontaires.

GARDE ROYALE.	1.° POUR les régimens d'infanterie française; 2.° — les régimens de grenadiers à cheval; 3.° — les régimens de cuirassiers; 4.° — le régiment de dragons; 5.° — le régiment de chasseurs à cheval; 6.° — le régiment de lanciers; 7.° — le régiment de hussards; 8.° — le régiment d'artillerie à pied; 9.° — le régiment d'artillerie à cheval; 10.° — le train d'artillerie;
LÉGIONS et RÉGIMENS de la ligne.	11.° — les légions départementales; 12.° — le régiment de carabiniers *de Monsieur;* 13.° — les régimens de cuirassiers; 14.° — les régimens de dragons; 15.° — les régimens de chasseurs; 16.° — les régimens de hussards; 17.° — les régimens d'artillerie à pied; 18.° — les régimens d'artillerie à cheval; 19.° — les escadrons du train d'artillerie et du génie; 20.° — les compagnies d'ouvriers d'artill. et du génie; 21.° — le bataillon de pontonniers; 22.° — les régimens du génie; 23.° — l'escadron du train des équipages militaires; 24.° — les comp.ies d'ouvriers des équipages militaires.

Modèle n.° 2.
Art. 2 de l'Instruction.

Corps étrangers et Compagnies pour lesquels les Officiers de l'état civil ne reçoivent pas d'engagemens volontaires.

1.° Les régimens suisses. (*Ces régimens se recrutent conformément à leurs usages et aux capitulations.*)

2.° La légion d'Hohenlohe. (*Les officiers de l'état civil n'admettront l'engagement volontaire des Français pour cette légion qu'en vertu d'une autorisation spéciale du ministre.*)

3.° Les compagnies de sous-officiers et soldats sédentaires. (*On n'y admet que des militaires blessés, ou ceux qui ont acquis le droit d'y servir, conformément à l'article 22 de la loi du 10 mars 1818.*)

4.° Les compagnies de gendarmerie. (*Le recrutement de ces compagnies est soumis à des réglemens particuliers, et l'on n'y est admis que conformément à ces réglemens et aux dispositions de l'article 22 de la loi du 10 mars 1818.*)

Modèle n.° 3.
Art. 5 de l'Instruction.

Tableau indiquant les tailles exigées pour les différentes armes.

ÉCHELLE DES TAILLES.						INDICATION DES CORPS.	*OBSERVATIONS.*
NUMÉROS d'ordre.	Mètres.	Millimètres.	Pieds métriques.	Pouces métriques.	Lignes métriques.		
N.° 1.	1.	570.	4.	8.	6.	Légions départementales.....................	C'est la taille légale d'*un mètre cinquante-sept centimètres* déterminée par l'article 14 de la loi du 10 mars 1818. Cette taille répond, à-peu-près, à 4 pieds 10 pouces de l'ancienne toise.
N.° 2.	1.	652.	4.	11.	6.	Chasseurs et hussards de la ligne...............	Cette taille répond, à-peu-près, à celle de 5 pieds 1 pouce de l'ancienne toise.
N.° 3.	1.	679.	5.	"	5.	Garde royale. { Infanterie..................... ; Chasseurs et hussards........... ; Train d'artillerie............. } Ligne....... { Pontonniers.................... ; Train d'artillerie et du génie..... ; Train des équipages militaires.... ; Ouvriers des mêmes équipages.... }	Cette taille répond, à-peu-près, à celle de 5 pieds 2 pouces de l'ancienne toise.
N.° 4.	1.	706.	5.	1.	5.	Garde royale. { Dragons..................... ; Lanciers..................... } Ligne....... { Dragons..................... ; Ouvriers d'artillerie et du génie... ; Régimens du génie............. }	Cette taille répond, à-peu-près, à celle de 5 pieds 3 pouces de l'ancienne toise.
N.° 5.	1.	733.	5.	2.	5.	Garde royale et ligne..... { Cuirassiers................... ; Artillerie à pied et à cheval...... }	Cette taille répond, à-peu-près, à celle de 5 pieds 4 pouces de l'anciene toise.
N.° 6.	1.	788.½	5.	4.	4.	Garde royale. — Grenadiers à cheval.......... Ligne. — Carabiniers *de Monsieur*.............	Cette taille répond, à-peu-près, à celle de 5 pieds 6 pouces de l'ancienne toise.

Nota. La mesure doit être graduée en mètre, décimètres, centimètres et millimètres, seules mesures légales. On peut placer à côté les mesures correspondantes en pieds, pouces et lignes de la toise métrique, seules mesures tolérées et susceptibles d'être poinçonnées par les vérificateurs des poids et mesures.

Les hommes doivent être mesurés tête et pieds nuds.

Pour abréger l'opération, il est utile de marquer à côté de l'échelle métrique les numéros d'ordre des diverses tailles exigées.

MODÈLE n.° 4.
Art. 9 de l'Instruction.

CERTIFICAT *d'acceptation délivré par l'Autorité militaire.*

NOUS soussigné *(indication du grade, du corps et de l'arme)*, certifions que nous avons fait visiter par le S.r , docteur{ou *en médecine*, ou *en chirurgie*.} *(*ou *officier de santé)* employé aux actes de l'état civil *(*ou *de la police judiciaire*, ou *de l'hôpital militaire ou civil d)*, le nommé *(nom et prénoms de l'homme qui s'est présenté)*, âgé de *(son âge précis)*, domicilié à *(lieu de son domicile de droit)*, et qu'il résulte de cette visite que le S.r *(nom de l'homme visité)* n'est atteint d'aucune infirmité, qu'il est d'une constitution robuste.

En conséquence, et après avoir reconnu par nous-mêmes, 1.° qu'il réunissait la taille et les autres qualités requises pour l'arme *(désigner l'arme)* à laquelle il dit se destiner ;

2.° Que l'effectif du corps dans lequel il demande à entrer permet de l'y admettre ;

Nous déclarons que son engagement pour ledit corps peut être reçu.

En foi de quoi nous lui avons délivré le présent certificat, signé de nous et du S.r *(nom du docteur en médecine* ou *en chirurgie)*.

FAIT à le

SIGNALEMENT

SIGNALEMENT du sieur (nom de l'homme à qui le certificat est délivré).

Nota. Le signalement sera rempli avec soin par l'officier qui aura délivré le certificat. Cet officier le signera.

TAILLE de , cheveux , sourcils , yeux , bouche , menton , visage *(indiquer les marques particulières)*, fils de *(noms des père et mère)*, domiciliés à canton d arrondissement d département d

ACTE D'ENGAGEMENT.

L'AN le à heures, s'est présenté devant nous *(maire* ou *adjoint)*, officier de l'état civil d arrondissement d département d le sieur *(nom et prénoms)*, âgé de exerçant la profession d (*a*) domicilié à canton d arrondissement d département d et résidant à canton d arrondissement d département d

Lequel a déclaré vouloir s'engager, pour servir dans le *(désignation du corps)*, et, à cet effet, nous a présenté,

1.° Un certificat délivré, sous la date du *(indication de la date)*, par *(nom, grade et corps de l'officier signataire du certificat)*, et constatant que ledit sieur *(nom de l'engagé)* n'est atteint d'aucune infirmité; qu'il a la taille et les autres qualités requises pour le service militaire et pour le corps auquel il se destine, et que l'effectif permet de l'y admettre;

2.° Son acte de naissance (*b*) constatant qu'il est né le *(indication du jour, du mois et de l'année de la naissance)*, canton d arrondissement d département d

(*a*) Si l'engagé a déjà servi, spécifier, d'après sa déclaration *(à la suite de l'indication de la profession)*, en quelle qualité et dans quel corps.

(*b*) Si ce n'est pas un acte de naissance que l'engagé produit, il faudra substituer aux mots, *son acte de naissance*, ceux qui suivent: un *(indication du titre qui serait produit conformément à l'art. 46 du*

3.° Un certificat délivré, sous la date du *(indication de la date)*, par le maire d *(indication de la commune où le certificat a été délivré)*, visé par le juge de paix du canton d *(indication du canton auquel le juge de paix appartient)*, et constatant,

Code civil (ou) un acte de notoriété dressé et homologué dans les formes voulues par les art. 70, 71 et 72 du Code civil.

1.° Qu'il jouit de ses droits civils;

2.° Qu'il est de bonnes vie et mœurs;

3.° Qu'il n'a été appelé ni pour le service de terre, ni pour celui de mer, *(ou bien)* qu'il est libéré de l'un et de l'autre service.

4.° (*c*)

(*c*) On indiquera sous ce numéro les pièces que l'engagé produira, conformément à l'article 11 de l'instruction.

Nous, officier de l'état civil, après avoir reconnu la régularité des pièces produites par le sieur
nous lui avons donné lecture, 1.° des articles 2, 3 et 4 de la loi du 10 mars 1818, relatifs aux engagemens volontaires; 2.° du titre IV de la même loi, relatif au service territorial que doivent faire les militaires qui ont achevé le service d'activité; 3.° des articles 18 et 19 de l'instruction sur les engagemens volontaires, approuvée par le Roi, lesquels ordonnent de faire conduire de brigade en brigade, par la gendarmerie, les engagés volontaires trouvés hors de la route qui leur est tracée, et de poursuivre comme déserteurs

ceux qui ne se rendent pas à leur destination dans les délais prescrits.

Ensuite de quoi nous avons reçu l'engagement volontaire du sieur lequel a promis de servir le Roi avec fidélité et honneur, et de rester sous les drapeaux pendant l'espace de ans *(indiquer le nombre d'années, suivant l'arme)*.

Lecture faite audit sieur du présent acte, l'a signé avec nous. *(Signatures.)*

(*a*)

(*a*) Si l'engagé ne peut signer, il sera fait mention de la cause qui l'en empêche, conformément à l'article 39 du Code civil.

SIGNALEMENT du Sieur

TAILLE de , cheveux , sourcils , yeux , bouche , menton , visage *(indiquer les marques particulières)*, fils de *(noms des père et mère)*, domiciliés à canton d arrondissement d département d

Le Maire d

Nota. Le signalement sera rempli avec soin par le fonctionnaire qui aura reçu l'acte d'engagement.

.e DIVISION.

ÉPARTEMENT

MODÈLE n.° 6.
Art. de l'Instruction.

REGISTRE

Des Engagemens volontaires contractés devant les Officiers de l'État civil des Communes du Département, dans le cours de l'année 181 , tenu par nous, Sous-intendant militaire en résidence dans ledit Département.

Nota. Ce registre sera renouvelé chaque année au [r] janvier. Il sera coté et paraphé à chaque page par Sous-intendant militaire.

N.° D'ORDRE.	NOM ET PRÉNOMS DE L'ENGAGÉ.	ÂGE.	TAILLE.		PROFESSION.	LIEUX		
			Mètre.	Millim.		DE LA NAISSANCE, 1.° Commune; 2.° Canton; 3.° Arrondissem.nt; 4.° Département.	DU DOMICILE, 1.° Commune; 2.° Canton; 3.° Arrondissem.nt; 4.° Département.	DE LA RÉSIDE[NCE], 1.° Commune; 2.° Canton; 3.° Arrondisse[m.nt]; 4.° Départeme[nt].
1.	2.	3.	4.		5.	6.	7.	8.
						1.° 2.° 3.° 4.°	1.° 2.° 3.° 4.°	1.° 2.° 3.° 4.°
						1.° 2.° 3.° 4.°	1.° 2.° 3.° 4.°	1.° 2.° 3.° 4.°
						1.° 2.° 3.° 4.°	1.° 2.° 3.° 4.°	1.° 2.° 3.° 4.°
						1.° 2.° 3.° 4.°	1.° 2.° 3.° 4.°	1.° 2.° 3.° 4.°
						1.° 2.° 3.° 4.°	1.° 2.° 3.° 4.°	1.° 2.° 3.° 4.°

[C]OMMUNE où [l'E]NGAGEMENT a été reçu, [av]ec l'indication de [l'ar]rondissement.	JOUR où l'engagement a été reçu.	CORPS pour lequel L'ENGAGEMENT a été reçu.	DATE de la mise en route par l'officier de l'état civil.	de l'arrivée présumée au corps.	RENSEIGNEMENS CONCERNANT L'ENGAGÉ, fournis par les autorités civiles et militaires, en exécution de l'article 22 de l'instruction.	*N.a* Il n'y aura qu'une série de n.os d'ordre pour toute l'année. *OBSERVATIONS.*
9.	10.	11.	12.	13.	14.	15.

BULLETIN dressé en exécution de l'article 15 de l'Instruction sur les Engagemens volontaires.

MODÈLE n.° 7.
Art. 15 de l'Instruction.

NOM ET PRÉNOMS de L'ENGAGÉ.	1.° Département, 2.° Arrondissement, 3.° Canton, 4.° Commune, où l'engagement a été contracté.	1.° Corps pour lequel l'engagement a eu lieu; 2.° Emplacement du Corps.	DATE de la mise en route par l'Officier de l'état civil.	DATE de l'arrivée présumée au Corps.	*OBSERVATIONS.*
1.	2.	3.	4.	5.	6.
	1.° 2.° 3.° 4.°	1.° 2.°			

Fait à *le* *181*

Le Sous-intendant militaire,

N. B. Ce bulletin, établi à la fin de
aque mois par le Sous-intendant mi-
aire du lieu où les engagemens volon-
ires ont été contractés, est destiné à
ire connaître aux Préfets du *domicile*
droit la destination donnée à l'en-
gé, ou les mutations qu'il a éprouvées.

MODÈLE n.° 8.
Art. 22 de l'Instruction.

BULLETIN dressé en exécution de l'article 22 de l'Instruction sur les Engagemens volontaires.

NOM ET PRÉNOMS DE L'ENGAGÉ.	1.° Département, 2.° Arrondissement, 3.° Canton, 4.° Commune, où l'engagement a été contracté.	1.° CORPS pour lequel l'engagement a eu lieu ; 2.° EMPLACEMENT du corps,	DATE de LA MISE en route par l'officier de l'état civil.	DATE de L'ARRIVÉE au corps.	DATE de la DÉSERTION.	DATE de l'annullation de l'engagement au corps par l'inspecteur d'armes.	DATE DU DÉCÈS de l'engagé.	OBSERVATIONS.
1.	2.	3.	4.	5.	6.	7.	8.	9.
	1.° 2.° 3.° 4.°	1.° 2.°						Les indications à transmettre seront, autant que possible, écrites sans abréviations. Celles des colonnes 4, 5, 6, 7 et 8, où l'on n'aura eu à écrire aucune indication, seront remplies par des guillemets.

Fait à *le* *181*

Le Sous-intendant militaire,

MOIS
d 181

MODÈLE n.° 9.
Art. 23 de l'Instruction.

LÉGION (ou) RÉGIMENT

d

ENGAGEMENS VOLONTAIRES.

.e DIVISION.

PLACE d

RÉGIMENT
ou
LÉGION d

ÉTAT DES ENGAGEMENS volontaires reçus p
d

NUMÉROS D'ORDRE.	NOM ET PRÉNOMS de l'engagé.	ÂGE.	TAILLE		LIEU de LA NAISSANCE, (avec l'indication du canton, de l'arrondissement et du département.)	LIEU où L'ENGAGEMENT a été reçu (avec l'indication du canto[n] l'arrondissement et du [dépar]tement.)
			Mètre.	Millim.es		
1.	2.	3.	4.		5.	6.

(Indication du corps) *dans le cours du mois*

Indication du mois) *181*

DATE			NUMÉRO sous lequel L'ENGAGÉ a été inscrit au registre-matricule.	OBSERVATIONS.
de engagem.[t]	du départ.	de l'arrivée au corps.		
7.	8.	9.	10.	11.
				Nota. Si l'engagé n'est pas arrivé au corps, il faudra en faire mention dans cette colonne, et faire connaître les motifs du retard. On fera connaître également, dans cette colonne, le jour où le signalement de l'engagé a été envoyé à la gendarmerie, si toutefois le délai de quinze jours accordé par l'art. 19 de l'Instruction est expiré pour lui, au moment de la clôture de cet état. L'engagé, dont la position définitive n'aura pas été indiquée dans l'état du mois, donnera lieu à une annotation qui sera portée au dos de l'un des états suivans, et qui fera connaître si cet enrôlé a été incorporé, ou s'il est décédé en route, ou s'il a été dénoncé comme déserteur. Cette annotation sera ainsi conçue : *État du Mois d* Numéro d'ordre N. N. *(Nom de l'engagé).* Cet homme a été incorporé le et immatriculé sous le n.° *(ou bien)* est décédé le à *(Indication de la date et du lieu du décès.)* *(ou bien)* a été dénoncé à la gendarmerie, comme prévenu de désertion, le *(Indication du jour où il a été dénoncé.)*

MOIS

d

MODÈLE n.° 10.
Art. 24 de l'Instruction.

DIVISION

ENGAGEMENS VOLONTAIRES.

.e DIVISION.

DÉPARTEMENT

ÉTAT DES ENGAGEMENS VOLONTAIRES

NUMÉROS d'ordre.	NOM ET PRÉNOMS de L'ENGAGÉ.	ÂGE.	TAILLE.	PROFESSION.	LIEU DE LA NAISSANCE, (*avec l'indication du canton et du département.*)	LIEU DU DOMICILE, (*avec l'indication du can[ton et] du département.*)
1.	2.	3.	4.	5.	6.	7.

CERTIFIÉ *véritable par nous Sous-intend[ant]*
ou *Intendant militaire*

A

contractés dans le cours du mois d   181

COMMUNE DANS LAQUELLE l'engagement a été reçu. 8.	DATE de L'ENGAGEMENT. 9.	CORPS POUR LEQUEL l'engagement a été reçu. 10.	DATE DU DÉPART pour les corps. 11.	DATE DE L'ARRIVÉE présumée au corps. 12.	OBSERVATIONS. 13.
					Nota. Si au moment où le Sous-intendant militaire devra fermer son état, il lui est parvenu quelques-uns des renseignemens dont il est parlé à l'article 22 de l'Instruction, il en rendra compte sommairement dans cette colonne; et l'Intendant militaire relatera ces renseignemens dans l'état mensuel qu'il aura à faire parvenir au Ministre. M. l'Intendant militaire dressera son état général par département : les départemens qui composent la division y seront placés dans l'ordre alphabétique.

militaire du département d

a   .e division.

e   181

www.ingramcontent.com/pod-product-compliance
Ingram Content Group UK Ltd.
Pitfield, Milton Keynes, MK11 3LW, UK
UKHW021957260726
13994UKWH00004B/1802

9 782329 333090